Impressum

Verlag: BABADADA GmbH, Nedderfeld 112 , 22529 Hamburg

Geschäftsführer / Verlagsleitung: Harald Hof

Druck: Books on Demand GmbH, In de Tarpen 42, 22848 Norderstedt

Imprint

Publisher: BABADADA GmbH, Nedderfeld 112 , 22529 Hamburg, Germany

Managing Director / Publishing direction: Harald Hof

Print: Books on Demand GmbH, In de Tarpen 42, 22848 Norderstedt

dibistan
學校

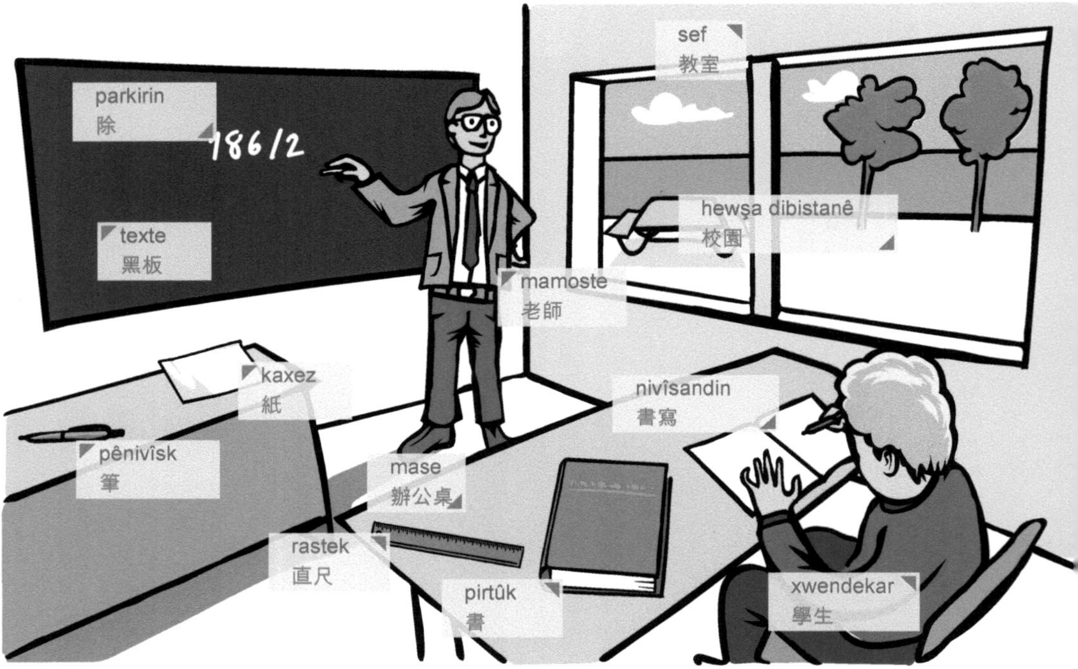
sef
教室
parkirin
除
186/2
texte
黑板
hewşa dibistanê
校園
mamoste
老師
kaxez
紙
nivîsandin
書寫
pênivîsk
筆
mase
辦公桌
rastek
直尺
pirtûk
書
xwendekar
學生

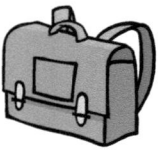

çewal

書包

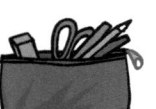

qûtî nivîstok

鉛筆盒

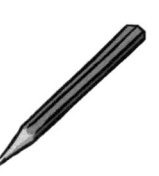

qelemrisas

鉛筆

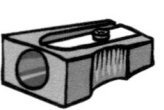

nivîstok tûjkir

削鉛筆機

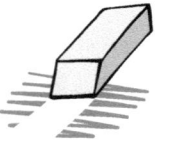

jêbir

橡皮擦

nivîska nîgarê

畫板

nîgar

圖畫

firçeya rengê

畫筆

qûtî reng

顏料盒

meqes

剪刀

lezaq

膠水

pirtûka fêrbûn

練習冊

wezîfa malê

家庭作業

hejmar

數字

2+2

zêdekirin

加

5-2

derxistin

減

zêdekirin

乘

hesibandin

計算

A

tîp

字母

alfabe

字母表

peyv

字

nivîsê

課文

xwandin

讀

geç

粉筆

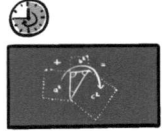

ders

上課

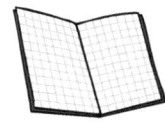

qeydkirin

登記

îmtîhan

考試

şehade

證書

kinca dibistanê

校服

perwerdehî

教育

zanistname

百科全書

zanîngeh

大學

mîkroskûp

顯微鏡

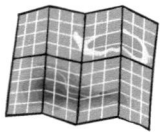

xerîte

地圖

sepeta kaxezê

廢紙簍

rêwêtî
旅行

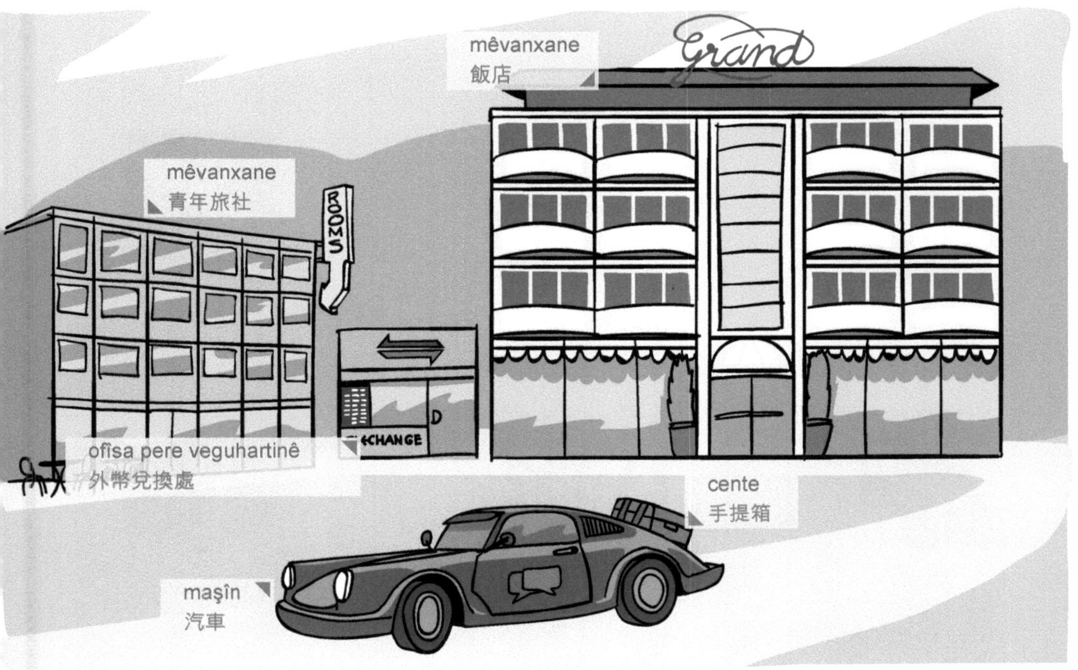
mêvanxane
飯店
Grand
mêvanxane
青年旅社
ROOMS
ofîsa pere veguhartinê
外幣兌換處
cente
手提箱
maşîn
汽車

ziman

語言

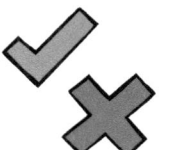

belê / na

是/否

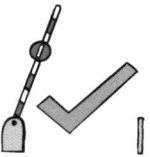

baş

好的

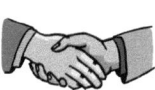

silav

您好

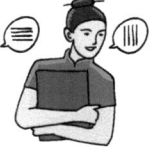

wergêra nivîskî

翻譯人員

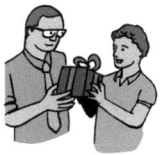

sipas

謝謝

bihayê ... çi qase?

......多少錢？

ez fam nakim

我不明白

pirsgirêk

問題

êvarbaş!

晚上好！

beyanî baş!

早上好！

şev baş!

晚安！

xatirê te

再見

alî

方向

hûrmûr

行李

çente

包

çente pişt

背包

mêvan

客人

ode

房間

came xew

睡袋

çadir

帳篷

agagiyên gerokan

旅行資訊

rexê avê

海灘

kartê qerzê

信用卡

taştê

早餐

firavîn

午餐

şîv

晚餐

kart

票

asansor

電梯

pûl

郵票

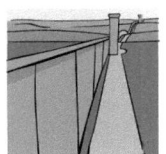

tixûb

邊界

gumirk

海關

balyozxane

大使館

vîza

簽證

pasaport

護照

guhaztin
交通運送

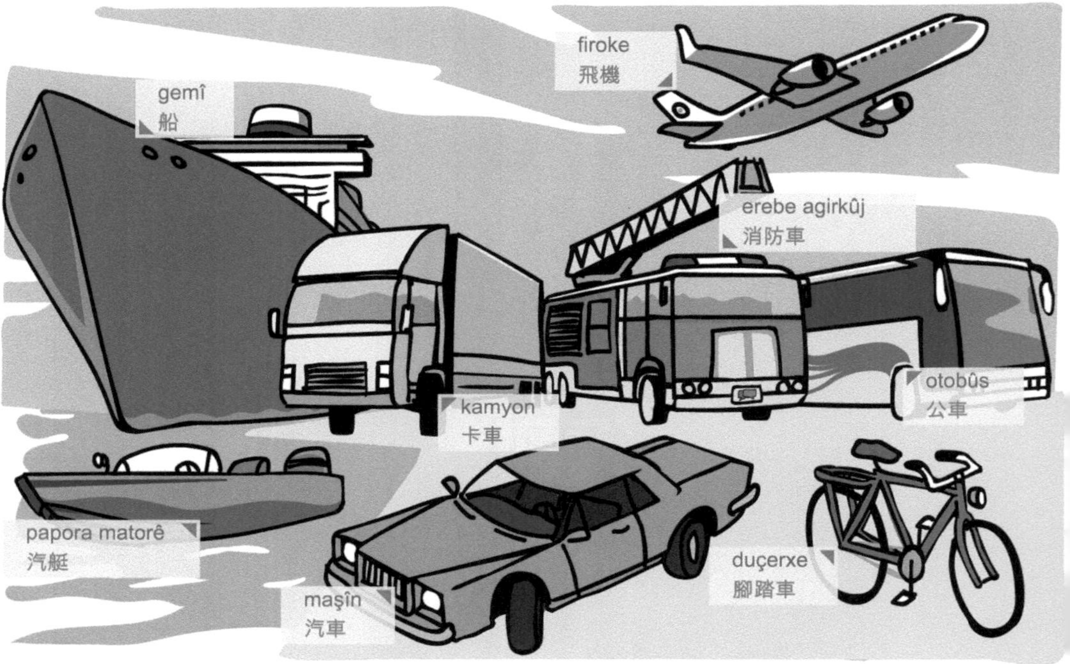
firoke
飛機
gemî
船
erebe agirkûj
消防車
otobûs
公車
kamyon
卡車
papora matorê
汽艇
duçerxe
腳踏車
maşîn
汽車

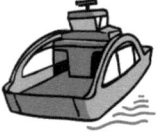

papor

渡輪

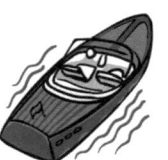

papor

小船

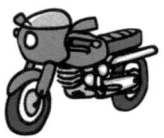

motorsîklêt

機車

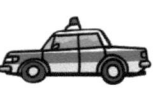

trimbêla polîsê

警車

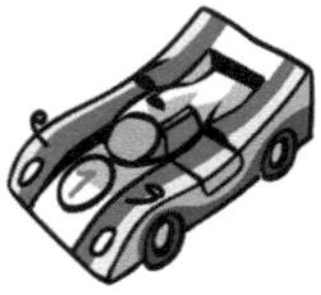

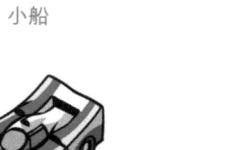

trimbêla pêşbaziyê

賽車

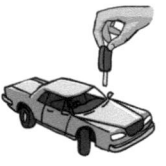

erebe kirêkirinê

租車

maşîn pervekirin

拼車

kamyona kişandinê

拖車

kamyona xwelî

垃圾車

motorsîklêt

馬達

mazot

汽油

îstegeha benzînê

加油站

tabloya tirafîkê

交通標識

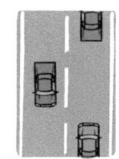

hatinûçûn

交通

tirafîk

交通堵塞

cihê parkê

停車場

rawesteka trênê

火車站

rêç

軌道

trên

火車

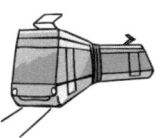

trênê kolanê

路面電車

erebe

客車廂

babirok

直升機

balafirgeh

機場

birc

塔

misafir

乘客

qûtî

集裝箱

qûtî

紙板箱

girgirok

手推車

selik

籃子

rabûn / nîştin

起飛/降落

bajar
城市

gund

村莊

navenda bajarê

市中心

xanî

房子

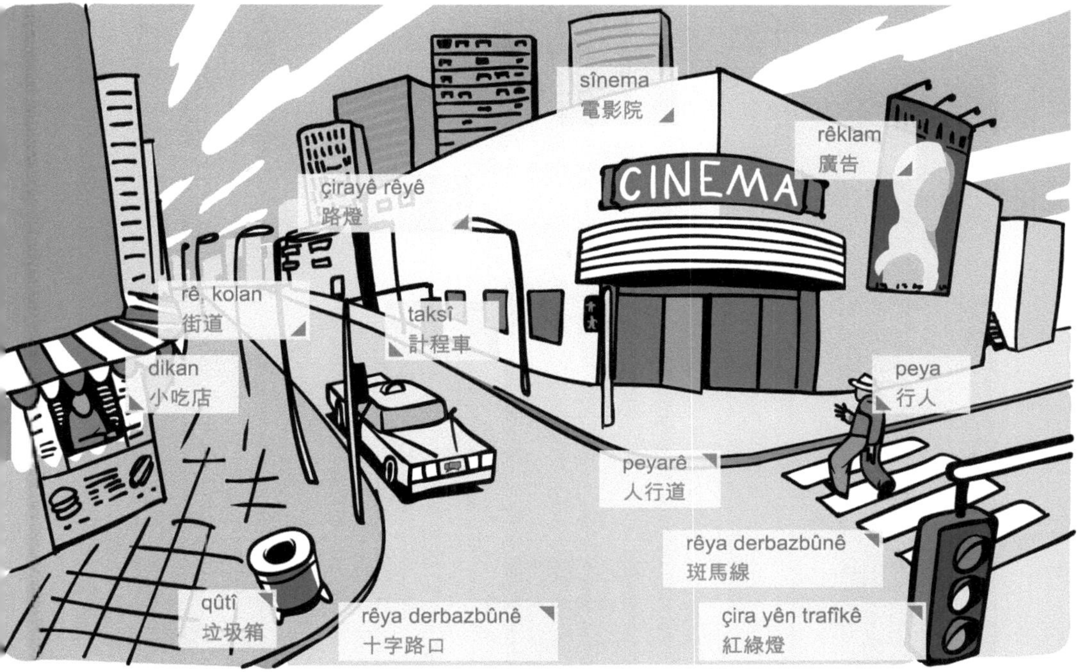

sînema
電影院

rêklam
廣告

çirayê rêyê
路燈

rê, kolan
街道

taksî
計程車

dikan
小吃店

peya
行人

peyarê
人行道

rêya derbazbûnê
斑馬線

qûtî
垃圾箱

rêya derbazbûnê
十字路口

çira yên trafîkê
紅綠燈

CINEMA

kox

小屋

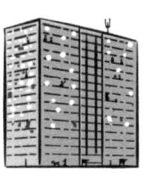

xanî

公寓

rawesteka trênê

火車站

telara şarevanî

市政廳

mûzexane

博物館

dibistan

學校

bajar - 城市

zanîngeh

大學

bank

銀行

nexweşxane

醫院

mêvanxane

飯店

dermanxane

藥房

ofîs

辦公室

kitêbfiroşî

書店

dikan

商店

gulfiroş

花店

bazar

超市

bazar

市場

supermarket

百貨商店

masîfiroş

魚店

navenda kirrîn

購物中心

bender

海港

park

公園

sekû

長凳

pir

橋

derince

樓梯

jêr erdê

捷運

tunnel

隧道

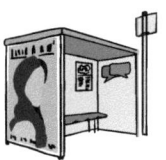

îstgeha otobûs

公車站

bar

酒吧

xwaringeh

餐館

sindûqa postê

郵筒

nîşanderka rêyê

路標

metra parkîngê

停車計時器

baxça heywanan

動物園

hewza melevanî

游泳池

mizgeft

清真寺

cotgeh

農場

lewitandina derdor

污染

goristan

墓地

kenîse

教堂

erdê leyistinê

操場

perestgeh

寺廟

tebîet

地形

gela
樹葉

nîşanderka rê
指示牌

rê
路

mêrg
草地

kevir
石頭

dar
樹

gerok
徒步旅行
者

çem
河

giya
草

kulîlk
花

dol

峽谷

gir

丘陵

gol

湖

daristan

森林

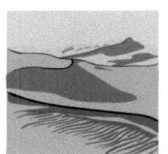

beyaban

沙漠

volkan

火山

keleh

城堡

keskesor

彩虹

kivark

蘑菇

darqesp

棕櫚樹

mixmixk

蚊子

mêş

蒼蠅

mêrî

螞蟻

hing

蜜蜂

pîrê

蜘蛛

kêzik

甲蟲

beq

青蛙

sihor

松鼠

jîjok

刺蝟

kerguh

野兔

pepûk

貓頭鷹

çivîk

鳥

qû

天鵝

berazê kovî

野豬

pezkovî

鹿

pezkovî

麋鹿

bendav

水壩

tûrbîna ba

風力發電機

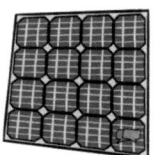

panela xorê

太陽能電池板

av û hewa

氣候

berkar
服務生

pêşek
菜譜

kursî
椅子

şorbe
湯

pîza
披薩餅

çetel û çemçik
餐具

sifre
桌布

xwarina destpêk

前菜

xwarina serekî

主菜

şêranî

甜點

vexwarinan

飲料

xwarin

食物

cam

瓶子

xwarina lez

速食

xwarina rêyê

街邊小吃

çaydanik

茶壺

qûtî şekirê

糖盒

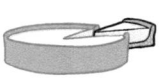

beş

一份飯菜

mekîna çêkirinê espresso

義式咖啡機

kursiya bilînd

高腳椅

hesab

帳單

sênî

托盤

kêr

刀

çetel

餐叉

kevçî

勺子

kevçiya çay

茶匙

pêşgir

餐巾

qedeh

玻璃杯

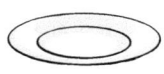

teyfik

碟子

teyfika şorbe

湯盤

piyale

碟子

çênc

醬

xwêdank

鹽瓶

qûtî bîbar

胡椒研磨罐

sêk

醋

rûn

食用油

biharat

調味料

ketçap

番茄醬

mustard

芥末

mayonêz

美乃滋

bazar
超市

pêşkêşên taybet
特價
FOR
mişterî
顧客
şîremenî
乳製品
fêkî
水果
erebe
購物車

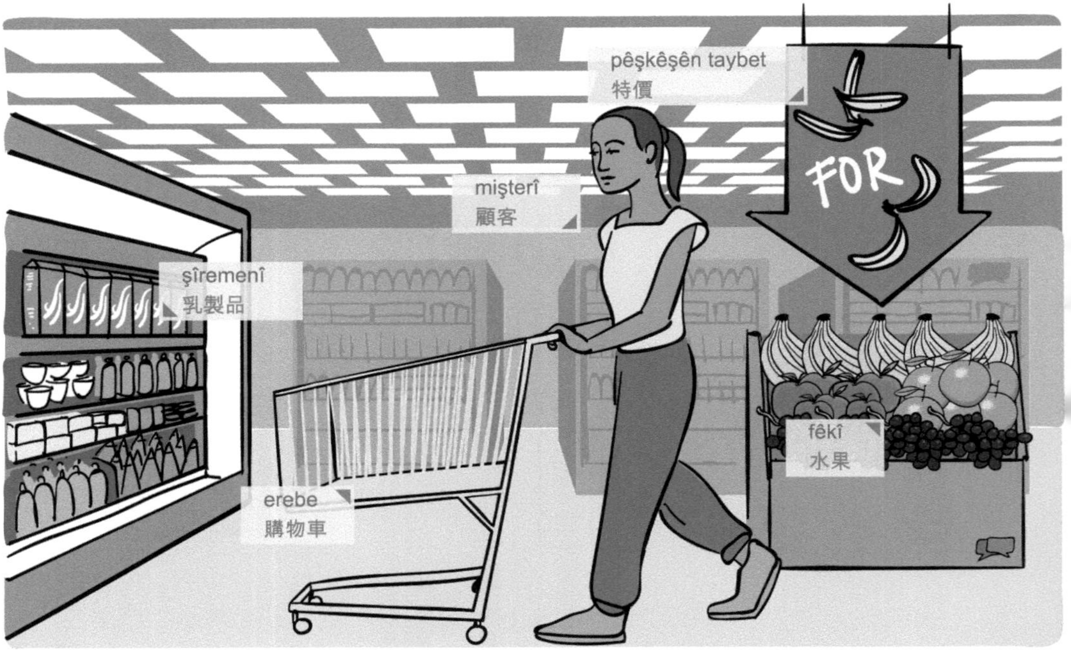

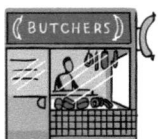

BUTCHERS

qesabî

肉鋪

BAKERY

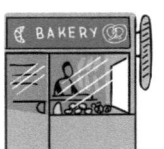

dikana nanpêj

麵包店

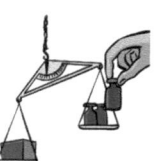

wezin kirin

稱重

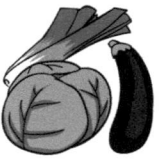

sebze

蔬菜

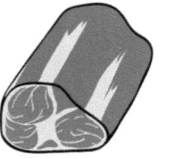

goşt

肉

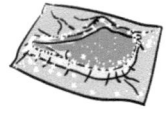

xwarinê cemedî

冷凍食品

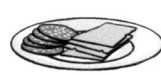

goştê sar

冷盤

xwarina pîlê

罐頭食品

xubarê paqijkirinê

洗衣粉

şirînî

甜食

berhemên navxweyî

日用品

berhemên paqijkirinê

清潔用品

firoşyar

銷售員

xeznok

收銀機

diravgir

收銀員

lîsta kirrînê

購物清單

demên vekirî

開放時間

cizdan

錢包

kartê qerzê

信用卡

çewal

袋子

çente

塑膠袋

飲料

av

水

şerbet

果汁

şîr

牛奶

komir

可樂

şerab

紅酒

bîra

啤酒

alkol

酒

kakwo

可可

çay

茶

qehwe

咖啡

espresso

義式濃縮咖啡

kapoçîno

卡布奇諾

moz

香蕉

sêv

蘋果

pirteqalî

柳丁

gundor

西瓜

lîmon

檸檬

gêzer

胡蘿蔔

sîr

大蒜

qamir

竹子

pîvaz

洋蔥

qarçik

蘑菇

gewîz

堅果

şihîre

麵條

spagêttî

義大利麵

birinc

米飯

selete

沙拉

çîps

薯條

peteteya biraştî

炸馬鈴薯

pîza

披薩餅

hamburger

漢堡

nanok

三明治

goştê stûyê berxî

炸豬排

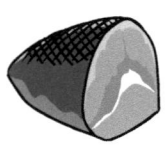

goştê hişkkirî

火腿

salamê

義大利臘腸

sosîs

香腸

mirîşk

雞肉

bijartin

烤肉

masî

魚

şorbe bilûl

燕麥片

mûslî

木斯里

kertên gilgilan

玉米片

ard

麵粉

croissant

牛角麵包

semûn

麵包捲

nan

麵包

tost

吐司

nanik

餅乾

nivîşk

奶油

mast

凝乳

kulîçe

蛋糕

hêk

蛋

hêka qelandî

煎蛋

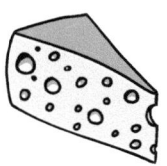

penîr

起司

dondirme

冰淇淋

şekir

糖

hingiv

蜂蜜

mireba

果醬

xameya nougat

巧克力醬

kurrî

咖哩

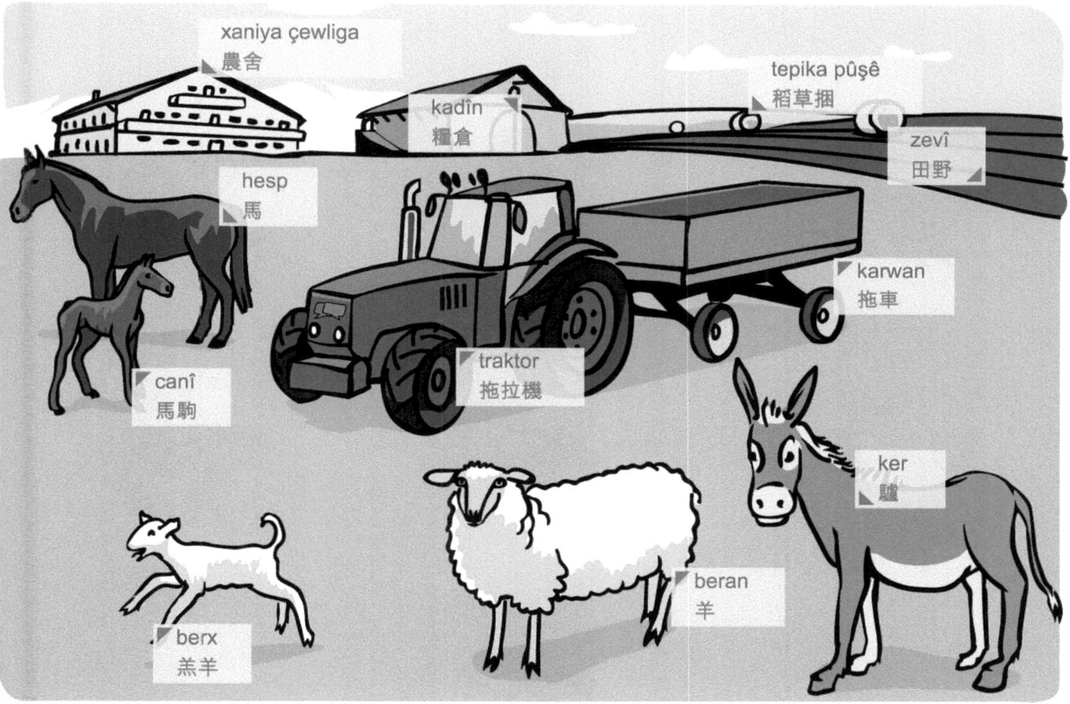

xaniya çewliga
農舍

kadîn
糧倉

tepika pûşê
稻草捆

zevî
田野

hesp
馬

karwan
拖車

canî
馬駒

traktor
拖拉機

ker
驢

berx
羔羊

beran
羊

bizin
山羊

çêlek
奶牛

golik
小牛

beraz
豬

xinzîrk
小豬

boxe
公牛

qaz

鵝

miravî

鴨

cûçik

小雞

mirîşk

母雞

keleşêr

公雞

circ

鼠

kitik

貓

mişk

老鼠

ga

牛

kûçik

狗

xaniya kûçikê

狗屋

xanî baxê

花園澆水軟管

qûtîka avdanê

澆水壺

şalûk

長柄大鐮刀

gasin

犁

das

鐮刀

merbêr

鋤頭

darsapik

長柄草耙

bivir

斧頭

destgere

獨輪手推車

qûtî xwarina candaran

飼料槽

qûtî şîr

牛奶罐

tûr

麻布袋

çeper

柵欄

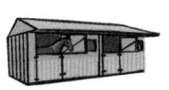

axur

馬廄

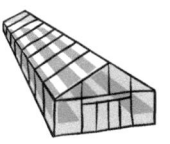

xana kulîlkan

溫室

ax

土壤

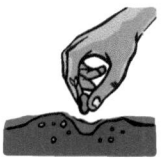

dendik

種子

peyn

肥料

kombayn

聯合收割機

zad

收割

zad

收割

petete

地瓜

genim

小麥

fasolî

大豆

petete

土豆

dexl

玉米

dindik

油菜籽

darê fêkî

果樹

sêvê bin erdê

樹薯

zad

穀物

xanî
房子

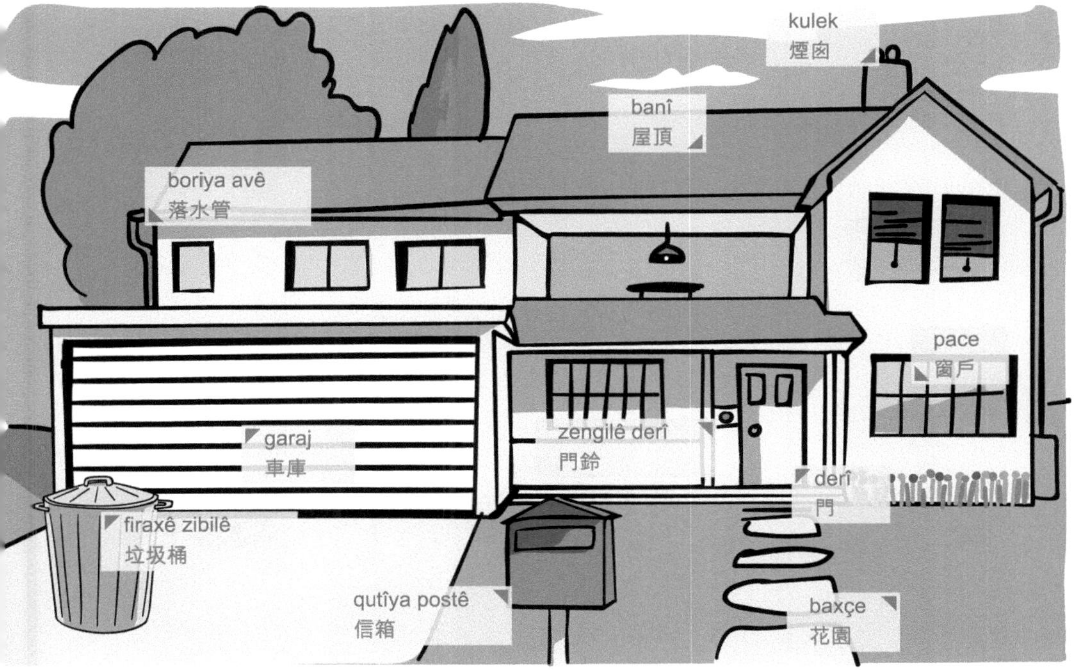
kulek
煙囪
banî
屋頂
boriya avê
落水管
pace
窗戶
garaj
車庫
zengilê derî
門鈴
derî
門
firaxê zibilê
垃圾桶
qutîya postê
信箱
baxçe
花園

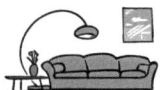

oda rûniştinê

客廳

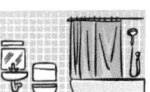

hemam

浴室

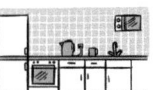

metbex

廚房

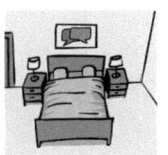

oda xewê

臥室

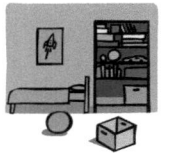

odeya zarok

兒童房

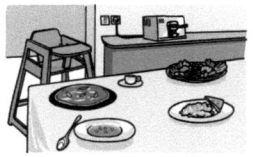

oda şîvê

餐廳

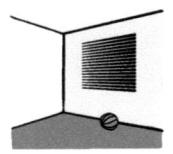

binî

地板

dîwar

牆壁

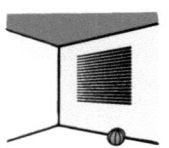

berban

天花板

xenzik

地窖

sauna

三溫暖

balkon

陽臺

berdanik

露臺

hewza melevanî

游泳池

çîmen birr

割草機

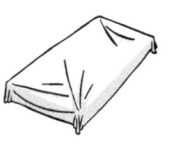

melhefe

被單

betanî

床罩

nivîn

床

gezik

掃帚

satil

水桶

kilîl

開關

oda rûniştinê
客廳

kaxezê dîwar
壁紙
wêne
相片
lampa
檯燈
ref
擱架
dolab
櫥櫃
telefîsiyon
電視
agirdan
壁爐
kulîlk
花
serîn
墊子
qenepe
沙發
guldank
花瓶
kontrola dûr
遙控器

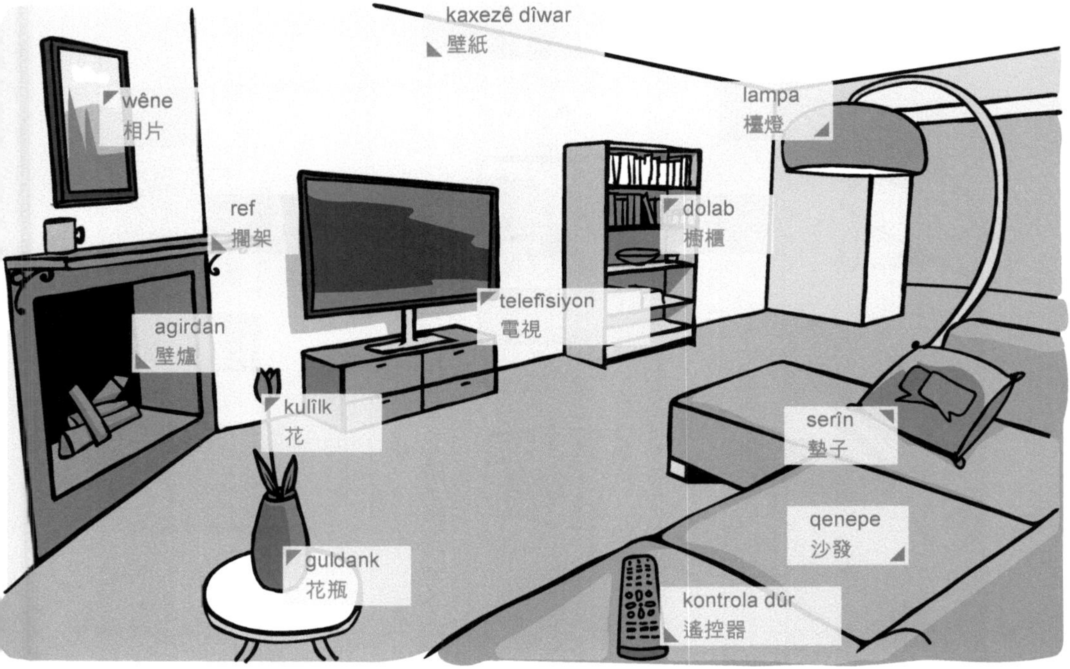

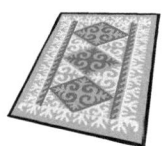

xalîçe

地毯

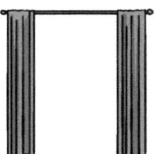

perde

窗簾

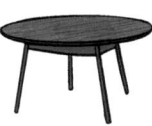

mêz

餐桌

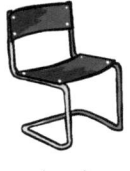

kursî

椅子

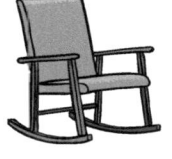

kursiya hejanok

搖椅

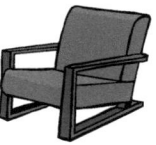

kursî

扶手椅

pirtûk

書

betanî

毯子

xemilandin

裝飾品

êzing

木柴

fîlm

電影

hi-fi

高傳真音響

kilîl

鑰匙

rojname

報紙

nîgar

油畫

poster

海報

radyo

收音機

defter

筆記本

sivnika elektrîkî

吸塵器

kaktûs

仙人掌

mom

蠟燭

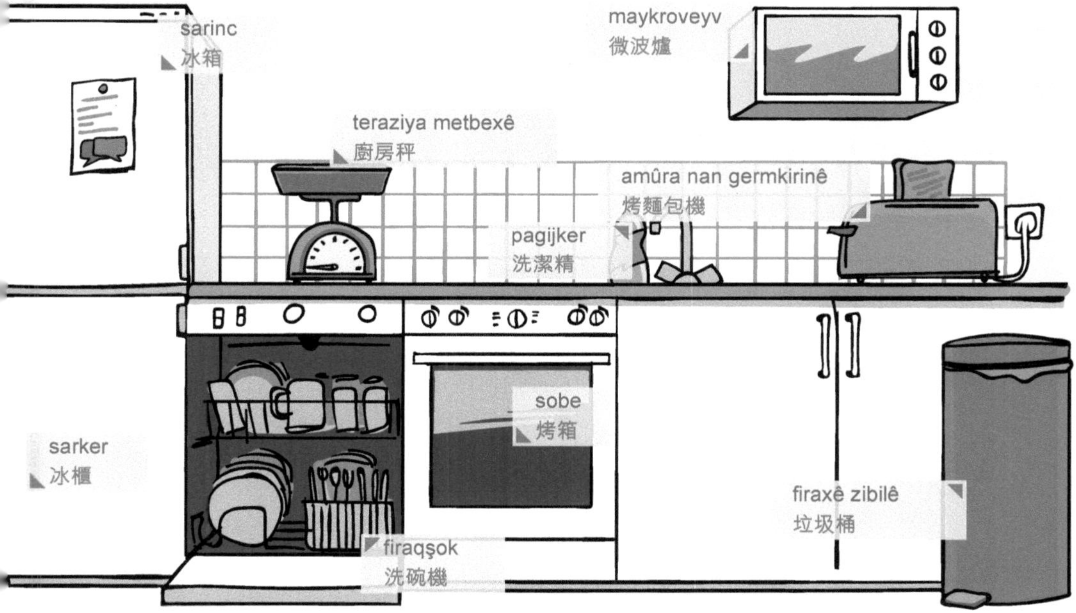

sarinc
冰箱

maykroveyv
微波爐

teraziya metbexê
廚房秤

amûra nan germkirinê
烤麵包機

pagijker
洗潔精

sobe
烤箱

sarker
冰櫃

firaxê zibilê
垃圾桶

firaqşok
洗碗機

sobe

炊具

aman

鍋

amaê ûtû

鑄鐵鍋

firaqê mezin

炒鍋

dîzik

平底鍋

kelînk

水壺

firaqê hilmê

蒸鍋

sênî nanê

烤盤

firaq

陶瓷鍋

piyale

馬克杯

kasik

碗

darê nanxwarin

筷子

hesk

長柄勺

kevçiya mezin

鏟子

rînek

攪拌器

kefgîr

濾網

bêjing

篩子

rêşker

磨碎機

destar

研缽

biraştin

燒烤

agirê vala

明火

texteya birrînê

菜板

darikê tîrê

擀麵杖

devik badek

開瓶器

qûtî

罐子

qûtîvekir

開罐器

cawê amanan

隔熱手套

destşo

水槽

firçe

刷子

parazoa

海綿

tevdêr

攪拌機

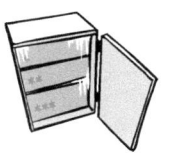

sarkerê cemedî

冷藏箱

şûşe bebikan

奶瓶

henefî

水龍頭

hemam

浴室

germijank
供暖裝置
xawlî
毛巾
dûş
淋浴
perdeya hemamê
浴簾
kefê hemam
泡沫浴
hewza hemam
浴缸
qedeh
玻璃杯
cilşok
洗衣機
henefî
水龍頭
acûr
瓷磚
tiwaleta zarokan
便壺
destşo
水槽

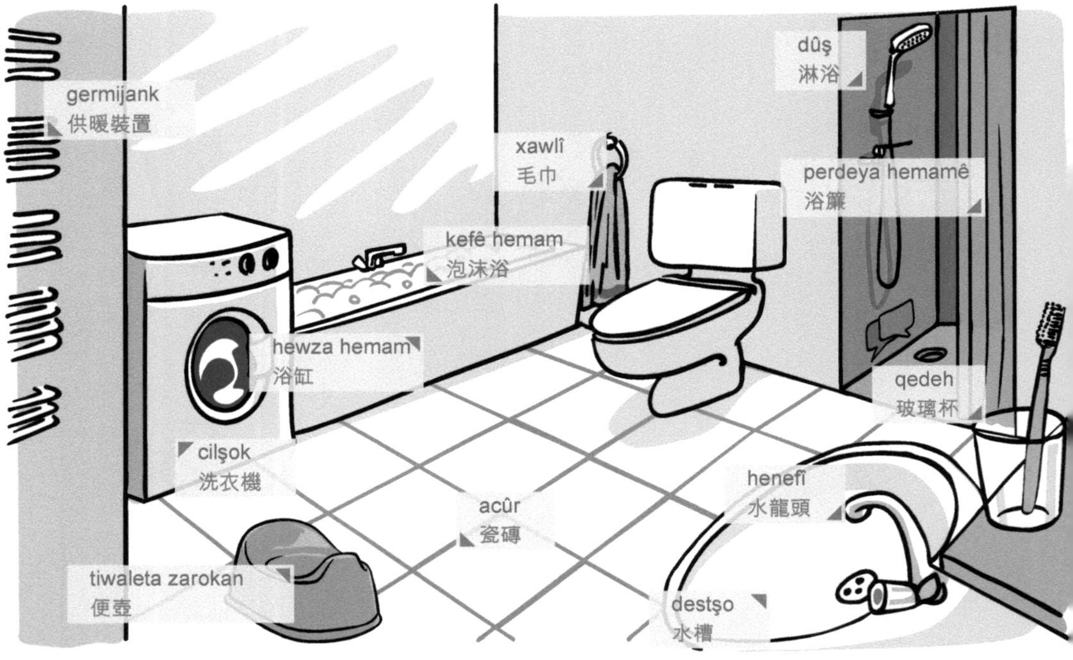

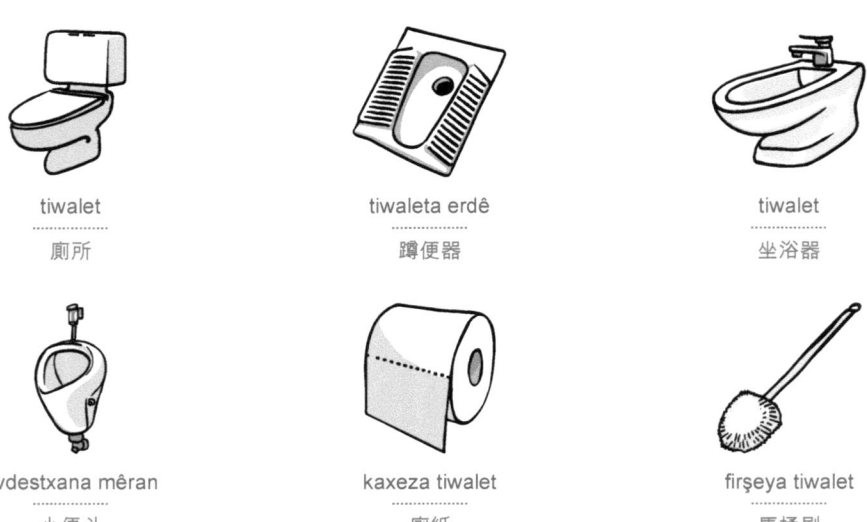

tiwalet

廁所

tiwaleta erdê

蹲便器

tiwalet

坐浴器

avdestxana mêran

小便斗

kaxeza tiwalet

廁紙

firşeya tiwalet

馬桶刷

firçeya diran

牙刷

mecûna diran

牙膏

nexa didan

牙線

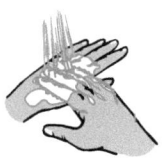

şûştin

洗

dûşê destê

手持式蓮蓬頭

dûş

沖洗器

destşo

洗臉盆

firça pişt

洗背刷

sabûn

肥皂

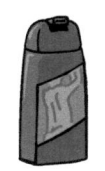

cêlê hemam

沐浴露

şampo

洗髮乳

fanîle

法蘭絨

zêrab

排水

kirêm

乳霜

bêhn xweşkir

除臭劑

mirêk

鏡子

mirêka destê

手鏡

gûzan

刮鬍刀

kefê teraşînê

刮鬍泡沫

mecûna piştî teraşînê

鬍後水

şeh

梳子

firçe

刷子

por hîşikkir

吹風機

sipraya porê

噴髮定型劑

kozmetîk

化妝品

soravk

唇膏

rengê nînok

指甲油

pembû

化妝棉

meqesta nînok

指甲剪

parfûm

香水

çewalê hemamê

洗漱包

kursiya bêpişt

凳子

terazî

計重秤

kinca hemamê

浴袍

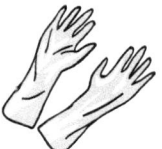

lepika lastîkê

橡膠手套

tampon

衛生棉條

xawliya paqijkirinê

衛生棉

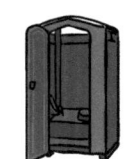

tiwaleta kîmîyewî

化學廁所

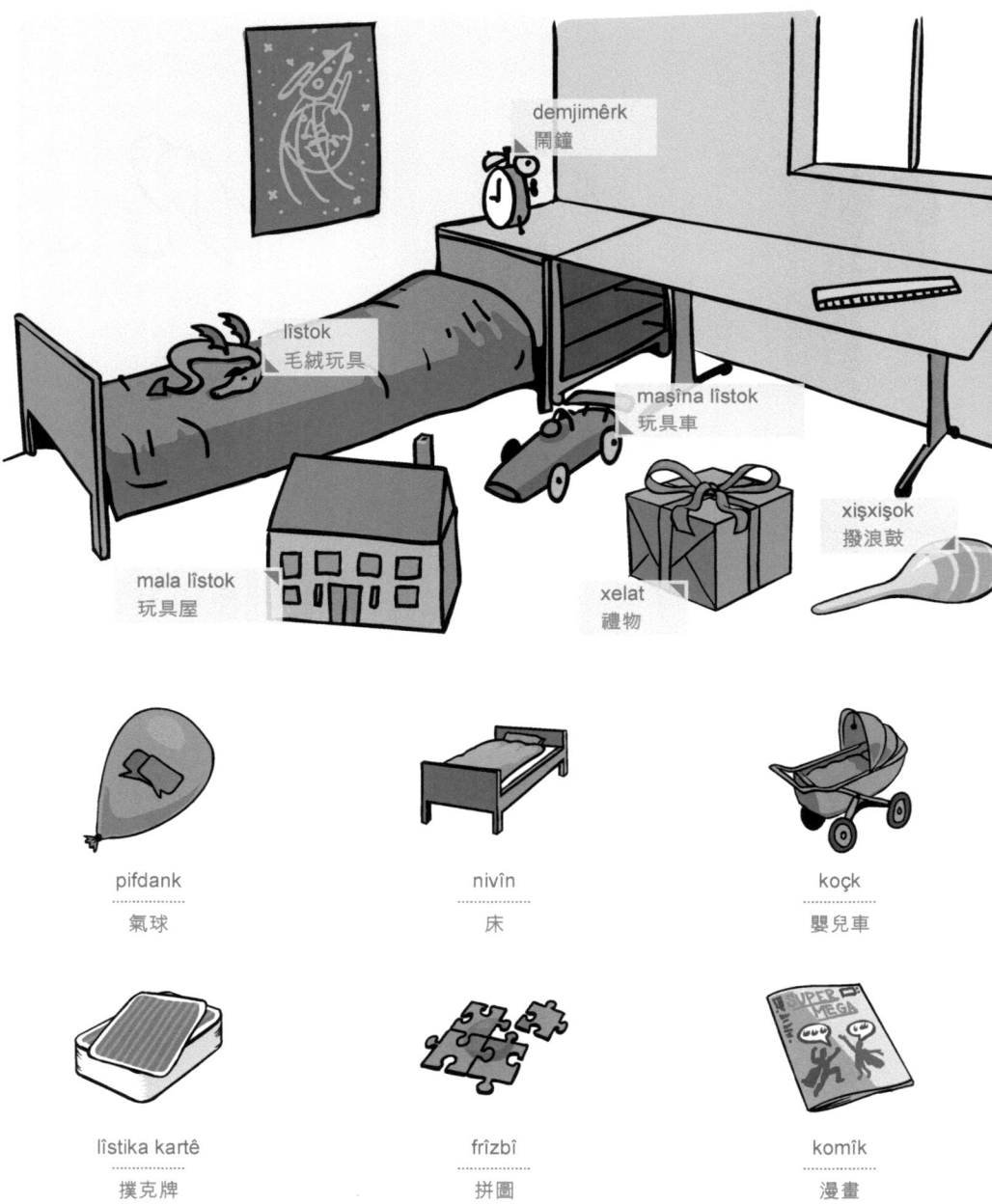

demjimêrk
鬧鐘

lîstok
毛絨玩具

maşîna lîstok
玩具車

xişxişok
撥浪鼓

mala lîstok
玩具屋

xelat
禮物

pifdank

氣球

nivîn

床

koçk

嬰兒車

lîstika kartê

撲克牌

frîzbî

拼圖

komîk

漫畫

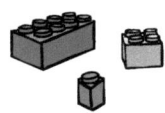

acûra lêgo

樂高積木

acûra lîstok

積木玩具

bûke şûşe

公仔

kinca bebikan

嬰兒服

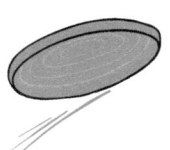

frizbee

飛盤

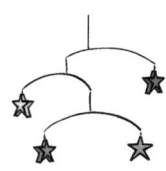

veguhestin

床鈴玩具

lîstikên texte

棋盤遊戲

mor

骰子

modêla trênê

火車模型

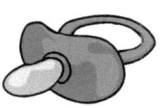

memik

安撫奶嘴

cejn

派對

kitêba wêne

繪本

top

球

bûke şûşe

洋娃娃

leyîstin

玩

kuna xîzê

沙坑

colane

鞦韆

lîstokan

玩具

lîstika vîdeoyî

電玩遊戲

sêçerxe

三輪車

hirça lîstok

泰迪熊

cildank

衣櫃

kinc

衣服

gore

襪子

gore

長襪

derpêgorê

緊身褲

şal
圍巾

çetir
雨傘

kiras
T恤

qayiş
皮帶

şekal
靴子

pêlavê nav malê
拖鞋

pêlav
運動鞋

solik
涼鞋

sol
鞋

potîna çermê
雨靴

pantolê jêr
內褲

pêsîrbend
胸罩

çekbend
背心

cendek

身體

pantol

褲子

jeans

牛仔褲

daman

短裙

kiras

女式襯衫

kiras

襯衫

fanêle

套頭衫

fanêle

連帽上衣

cakêt

西裝夾克

sako

夾克

çaket

外套

baranî

雨衣

lebas

套裝

fîstan

連衣裙

cilê dawetê

婚紗

kostum

西裝

pêcame

睡袍

pêcame

睡衣

saree

莎麗

leçik

頭巾

mêzer

包頭巾

hêram

波卡

kaftan

卡夫坦

eba

(阿拉伯式)長袍

kinca ajnêkirir

泳衣

cilka melevanî

男式泳褲

şort

短褲

cila hêvojkarî

運動服

pêşmal

圍裙

lepik

手套

dûgme

鈕扣

berçavik

眼鏡

bazin

手鏈

gerdenî

項鍊

gustîl

戒指

guhark

耳環

devik

便帽

hilavistek

衣架

kûm

帽子

kirawat

領帶

zîp

拉鍊

serparêz

安全帽

derzî

背帶

kinca dibistanê

校服

yûnîform

制服

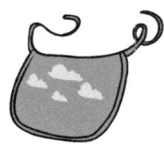

berdilk

圍兜

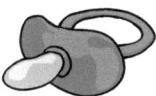

memik

安撫奶嘴

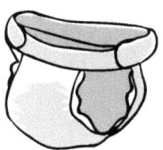

pundax

尿布

ofîs

辦公室

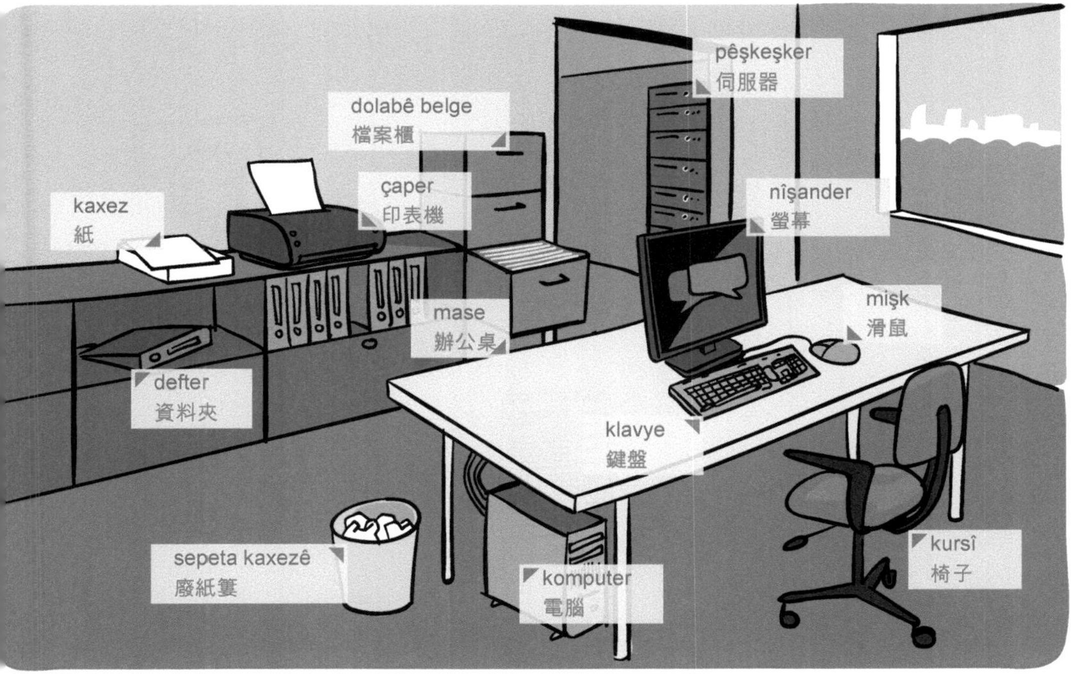
pêşkeşker
伺服器
dolabê belge
檔案櫃
çaper
印表機
kaxez
紙
nîşander
螢幕
mase
辦公桌
mişk
滑鼠
defter
資料夾
klavye
鍵盤
sepeta kaxezê
廢紙簍
komputer
電腦
kursî
椅子

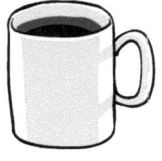

kasika qehwe

咖啡杯

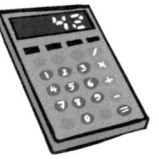

hesabker

計算機

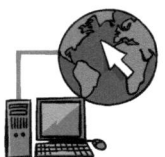

înternet

網際網路

komputera laptop

筆記型電腦

name

信件

peyam

簡訊

telefona mobîl

行動電話

tor

網路

mekîna fotokopî

影印機

software

軟體

telefon

電話

socketa fîşek

插座

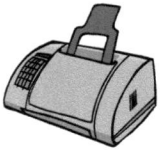

mekîna faxê

傳真機

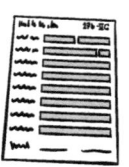

form

表格

belge

檔案

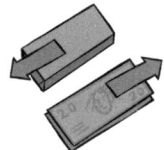

standin

買

pere dan

付錢

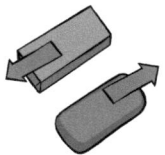

bazirganî

交易

pere

現金

dollar

美元

yoro

歐元

yenê Japonê

日元

roblê Rûsî

盧布

firankê Swîsê

瑞士法郎

yuanê Çînê

人民幣

rûpee Hindî

盧比

mekîna jixwebera dirav

提款處

ofîsa pere veguhartinê

外幣兌換處

zêrr

金

zîv

銀

neft

石油

wize

能源

biha

價格

peyman

合約

tax

稅金

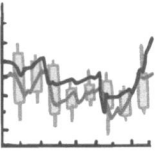

seham

股票

karkirin

工作

karker

職員

karda

老闆

fabrîka

工廠

dikan

商店

polîs
警官

agirkuj
消防員

aşbaz
廚師

bijîşk
醫師

firokevan
飛行員

baxçevan

園丁

necar

木匠

dirûnvan

裁縫

hakim

法官

şîmyazan

化學家

şanoger

演員

şufêrê basê

公車司機

şufêrekî taksiyê

計程車司機

masîvan

漁夫

pagijker

清洗女工

çêkirê banî

屋頂工

berkar

服務生

nêçirvan

獵人

rengrês

畫家

nanpêj

麵包師

karebavan

電工

avaker

建築工人

endezyar

工程師

qesab

屠夫

lûlekar

水管工

postevan

郵差

esker

士兵

mîmar

建築師

diravgir

收銀員

firotkara çîçekan

花農

porçêker

理髮師

ajovan

售票員

mekanîk

機械技師

keştîvan

船長

pizîşka didanan

牙醫

zanistyar

科學家

rûhan

拉比

îmam

伊瑪目

keşe

和尚

keşîş

牧師

amûran

工具

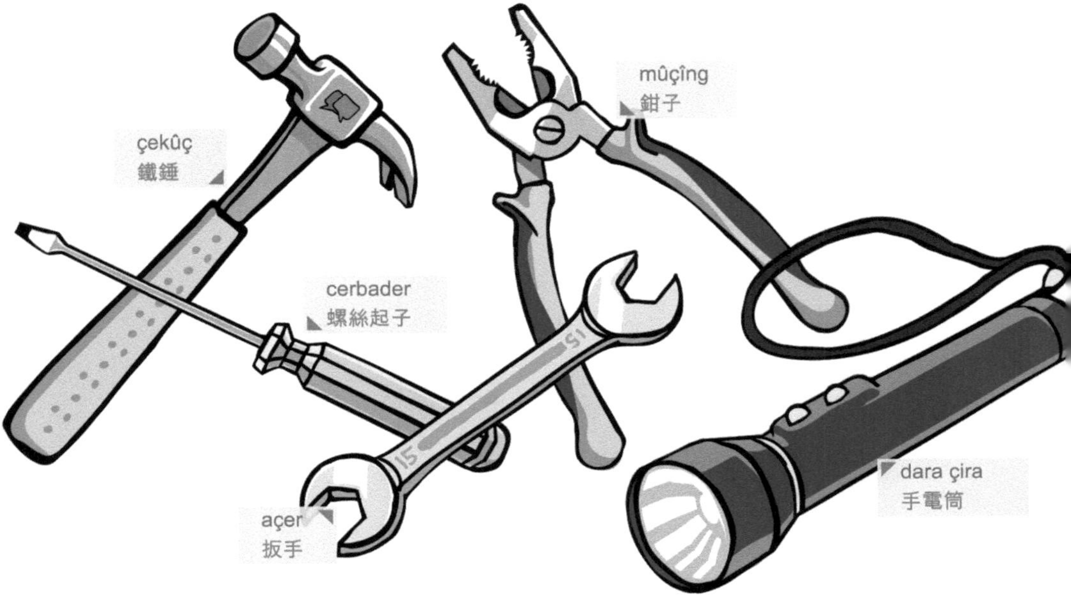

mûçîng
鉗子
çekûç
鐵鍾
cerbader
螺絲起子
açer
扳手
dara çira
手電筒

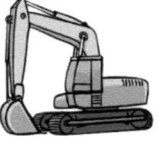

şofel

挖掘機

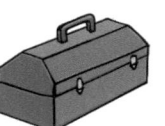

qûtiya amûran

工具箱

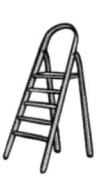

peyje

梯子

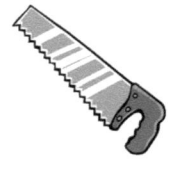

mişar

鋸子

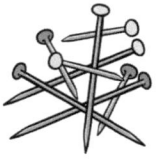

mîx

釘子

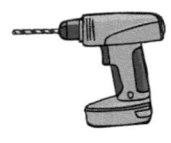

qulkirin

鑽機

çêkirin

修

merbêr

鏟子

nalet!

糟糕！

bêl

畚箕

qûtiya rengê

油漆桶

cerr

螺絲

amûrên mûzîkê
樂器

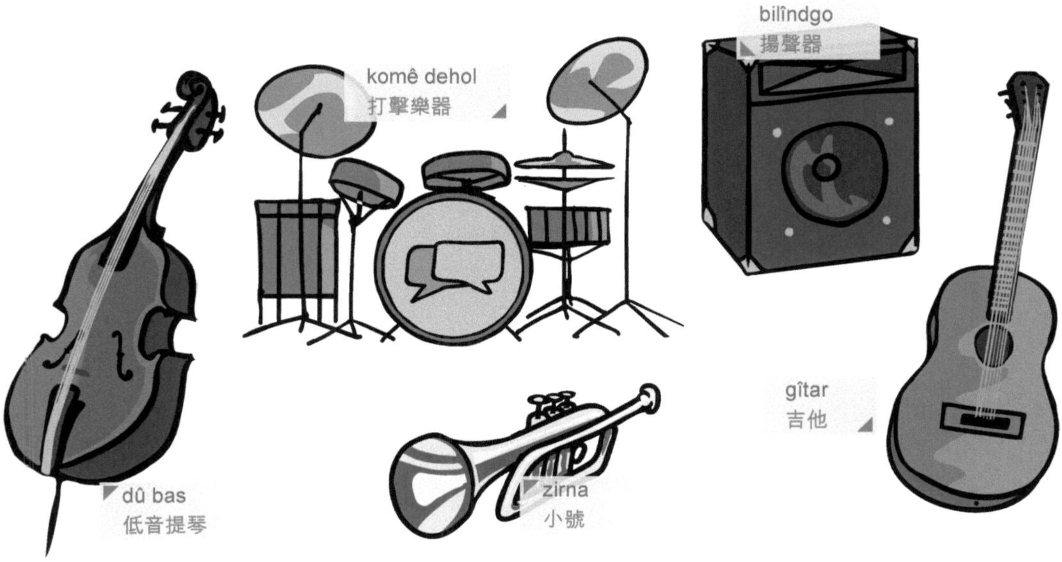

bilîndgo
揚聲器

komê dehol
打擊樂器

gîtar
吉他

dû bas
低音提琴

zirna
小號

piyano

鋼琴

viyolîn

小提琴

bas

貝斯

dehol

定音鼓

dahol

鼓

keyboard

電子琴

saksofon

薩克斯風

bilûr

長笛

mîkrofon

麥克風

baxça heywanan
動物園

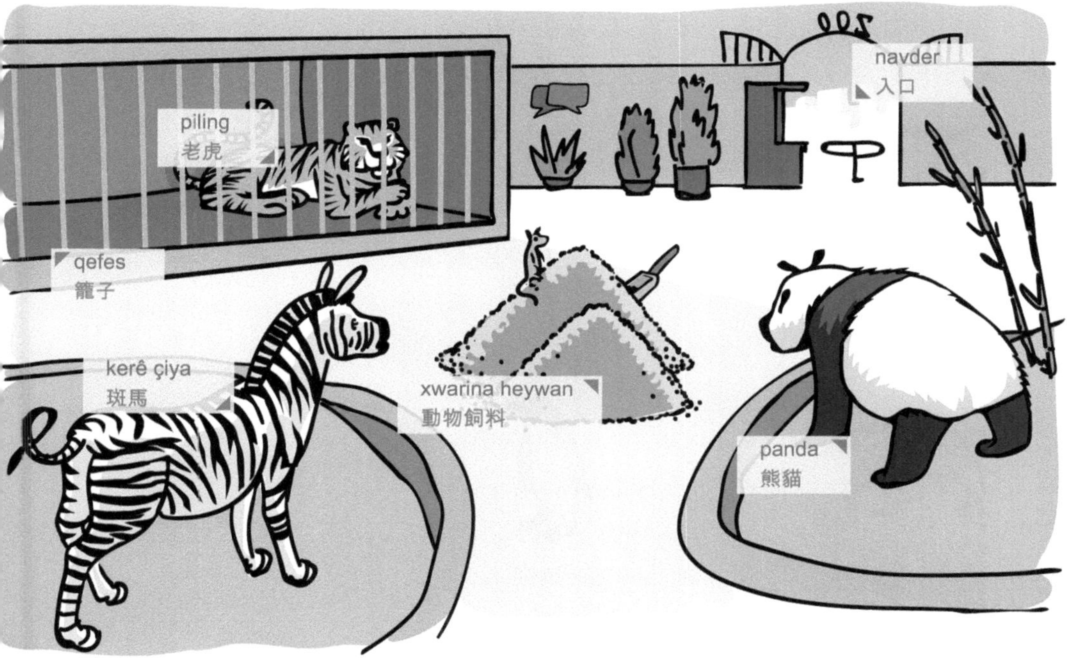

navder
入口
piling
老虎
qefes
籠子
kerê çiya
斑馬
xwarina heywan
動物飼料
panda
熊貓

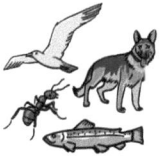

heywan

動物

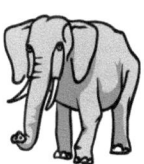

fîl

大象

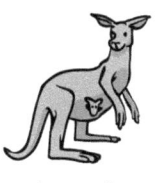

kangarû

袋鼠

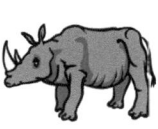

kerkeden

犀牛

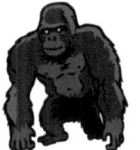

gorîl

大猩猩

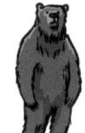

hirç

熊

hêştir

駱駝

hêştirme

鴕鳥

şêr

獅子

meymûn

猴子

flamîngo

紅鶴

papaxan

鸚鵡

hirça cemserî

北極熊

penguîn

企鵝

semasî

鯊魚

tawûs

孔雀

mar

蛇

timsah

鱷魚

parêzera baxça ajalan

動物園管理員

seya derya

海豹

piling

美洲豹

hesp

矮種馬

piling

豹

hespê rûbar

河馬

canhêştir

長頸鹿

helo

老鷹

berazê kovî

野豬

masî

魚

kûsî

龜

walras

海象

rovî

狐狸

xezal

羚羊

fûtbolê Amerîka
橄欖球

bisiklêtan
騎腳踏車

tenîs
網球

basketbol
籃球

avjenîkirin
游泳

boxing
拳擊

hokeya ser cemedê
冰球

fûtbol
美式足球

badminton
羽毛球

yê atletîzmê
田徑

hendbol
手球

befirajotin
滑雪

polo
馬球

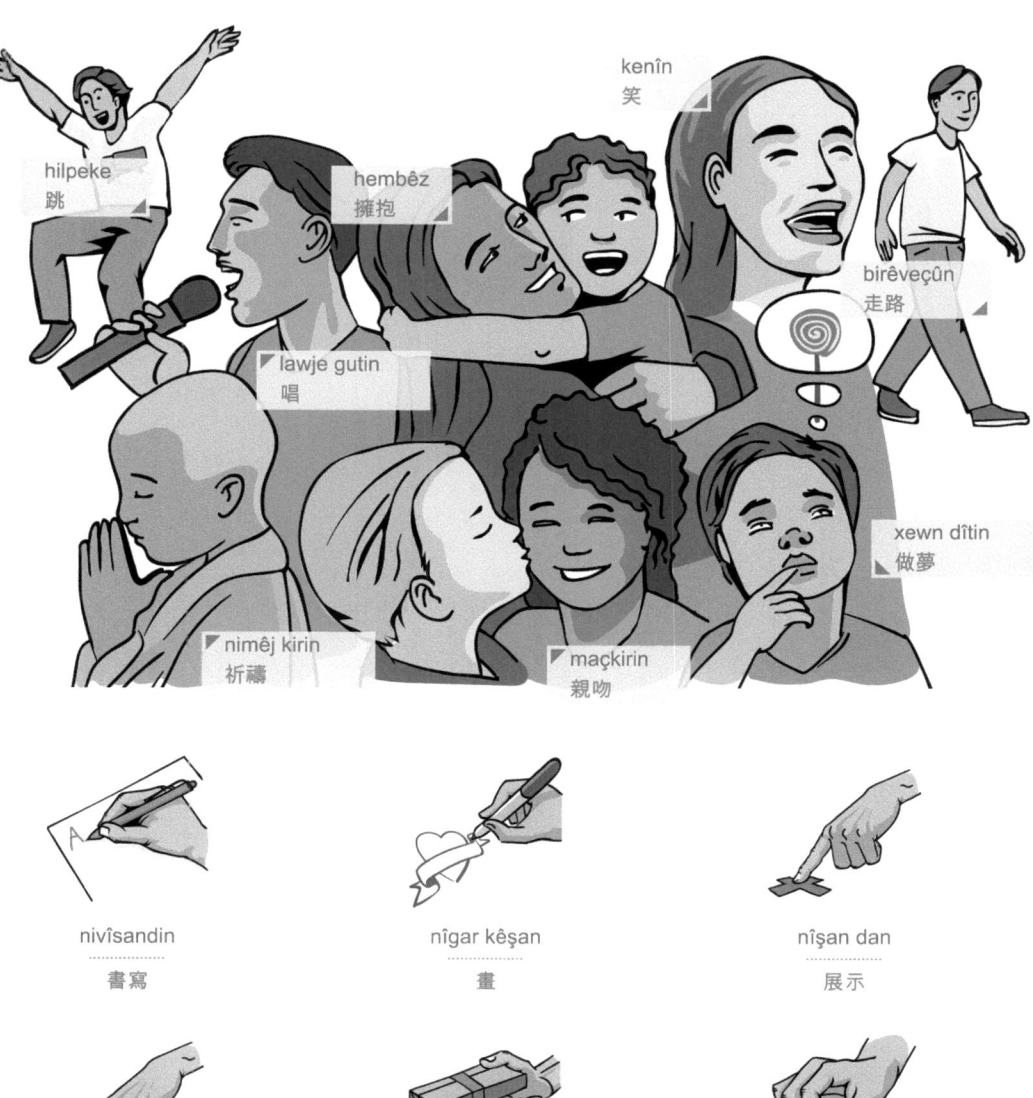

kenîn
笑

hilpeke
跳

hembêz
擁抱

birêveçûn
走路

lawje gutin
唱

xewn dîtin
做夢

nimêj kirin
祈禱

maçkirin
親吻

nivîsandin

書寫

nîgar kêşan

畫

nîşan dan

展示

paldan

推

dayîn

給

rakirin

拿

heyîn

有

kirin

做

bûn

當

sekinîn

站

bazdan

跑

kişandin

拉

avêtin

丟

ketin

摔倒

derew kirin

躺

sekinîn

等待

guhêztin

攜帶

rûniştin

坐

cil berkirin

穿衣

razan

睡覺

rabûn

醒來

mêze kirin

看

girîn

哭

celte

擊

şe kirin

梳頭

peyvîn

交談

famkirin

明白

pirskirin

問

bihîstin

聽

vexwarin

喝

xwarin

吃

kom kirin

清理

hezkirin

愛

xwarin çêkirin

做飯

ajotin

開車

firrîn

飛

kesştîvanî

航行

hesibandin

計算

xwandin

讀

hînbûn

學習

karkirin

工作

zewicîn

結婚

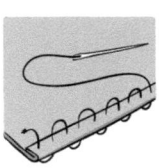

dirûtin

縫

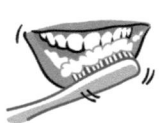

didan şûtin

刷牙

kuştin

殺

dûxan

抽菸

şandin

寄

dapîr
祖母

bapîr
祖父

bav
父親

dê
母親

bebek
嬰兒

keç
女兒

kur
兒子

mêvan

客人

met

阿姨

ap/xal

叔叔

bira

兄弟

xwişl

姐妹

beden

身體

enî
前額
çav
眼睛
mil
肩膀
tilî
手指
rû
臉
zenî
下巴
dest
手
sîng
乳房
ling
腿
pîl
手臂

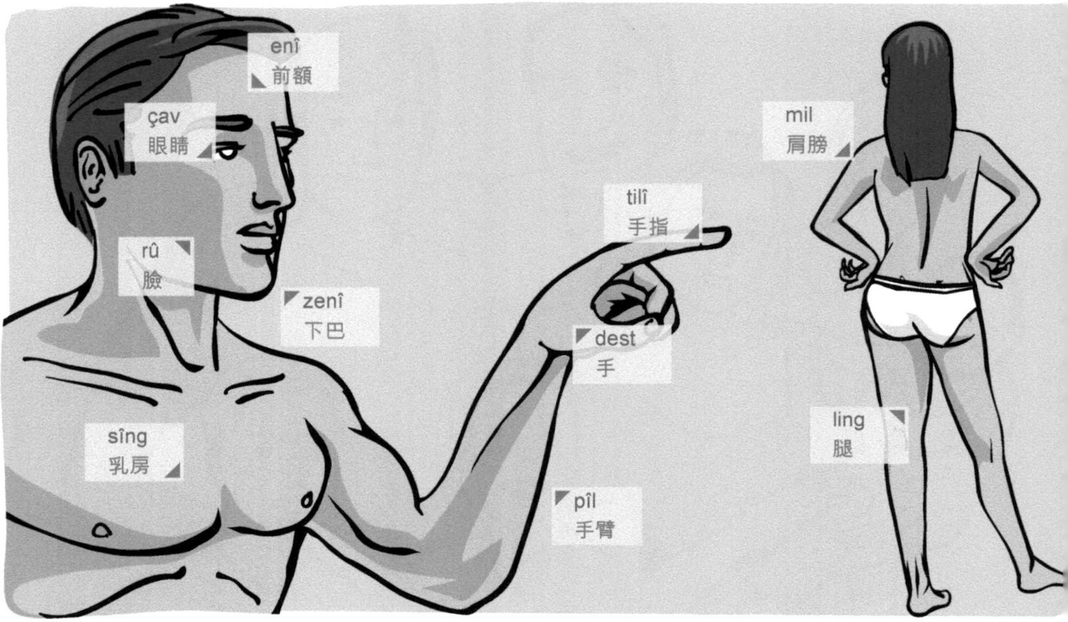

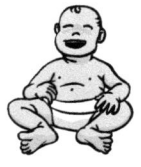

bebek

嬰兒

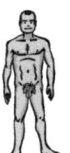

mêr

男人

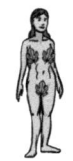

jin

女人

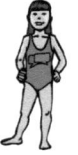

keç

女孩

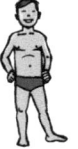

kor

男孩

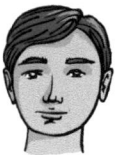

ser

頭

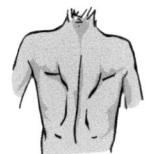

pişt

背部

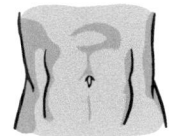

zik

肚子

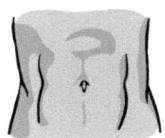

navik

肚臍

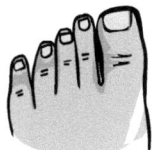

tilîya pê

腳趾

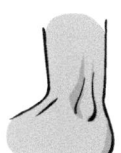

panî

腳後跟

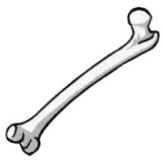

hestî

骨頭

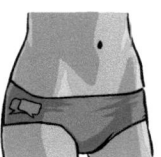

kûlîmek

臀部

jûnî

膝蓋

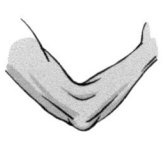

enîşk

手肘

difn

鼻子

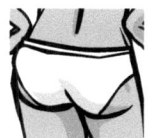

qûn

屁股

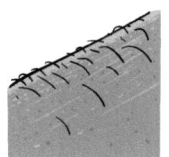

çerm

皮膚

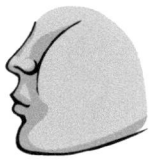

rû

臉頰

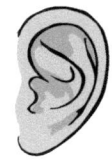

gûh

耳朵

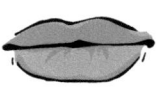

lêv

嘴唇

dev

嘴

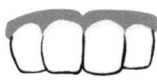

diran

牙齒

ziman

舌頭

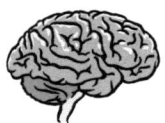

mêjî

腦

dil

心臟

masûl

肌肉

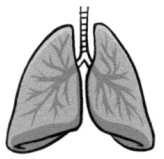

cîgera spî

肺

ceger

肝臟

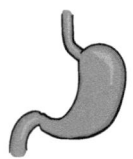

made

胃

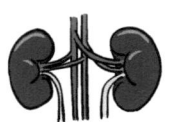

gûrçikan

腎臟

cotbûn

性交

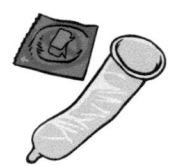

kondom

保險套

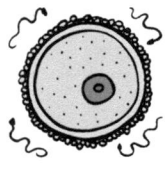

hêk

卵子

tov

精子

dûcanî

懷孕

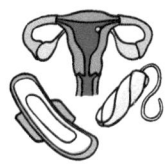

ade

月事

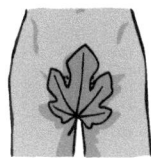

qûz

陰道

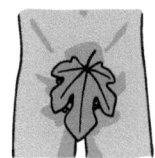

kîr

陰莖

birû

眉毛

por

頭髮

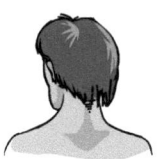

hûstû

脖子

nexweşxane
醫院

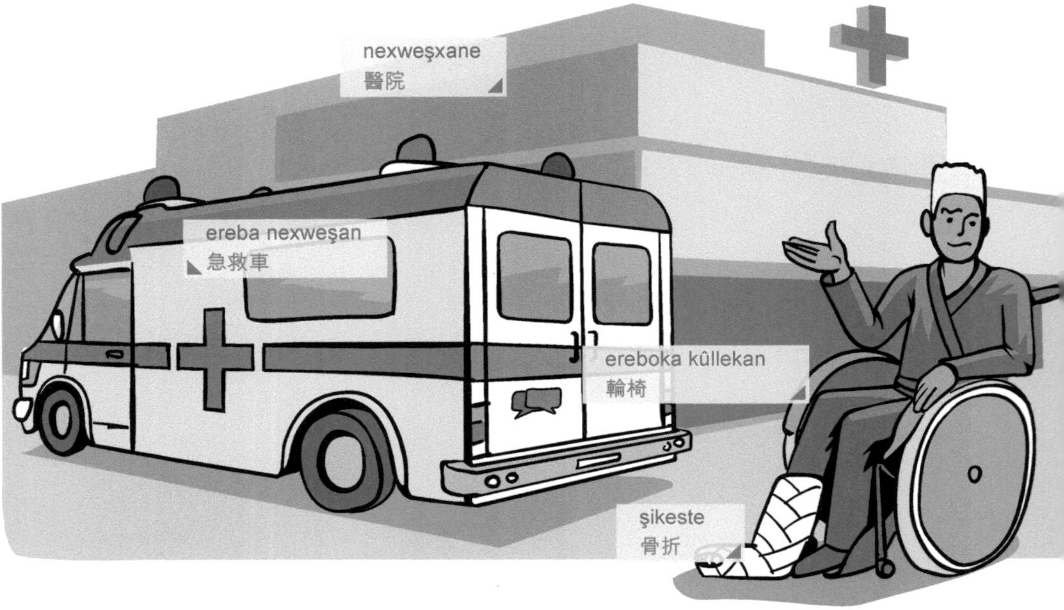

nexweşxane
醫院
ereba nexweşan
急救車
ereboka kûllekan
輪椅
şikeste
骨折

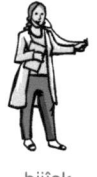

bijîşk

醫師

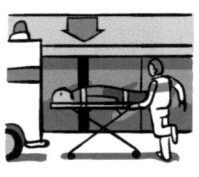

oda lezgînê

急診室

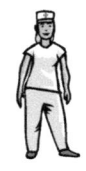

nexweşyar

護理師

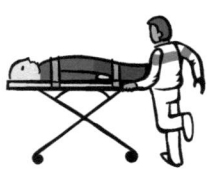

acîlîyet

緊急情形

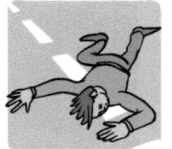

bêhay

昏迷

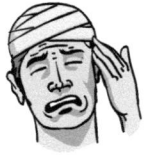

êş

痛

birîn

受傷

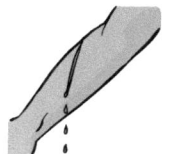

xwînpijan

出血

hêrişa dilî

心臟病發作

celte

中風

alerjî

過敏

kuxik

咳嗽

ta

發燒

zikam

流感

navçûyin

腹瀉

serêş

頭痛

qansêr

癌症

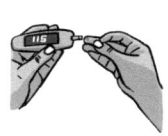

nexweşiya şekirê

糖尿病

emelîkar

外科醫師

skalpêl

手術刀

emelî

手術

CT

電腦斷層掃描

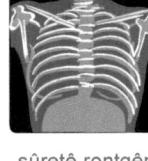

sûretê rontgên

X光

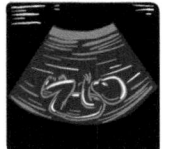

ûltrasawnd

超音波

maskê rûyê

口罩

nexweşî

疾病

oda sekinînê

候診室

goçan

拐杖

şêl

石膏

paçê birînpêçanê

繃帶

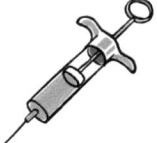

derzî

注射

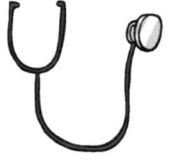

bîstoka pizîşkî

聽診器

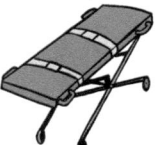

darbest

擔架

têhnpîva klînîkê

體溫計

zayîn

出生

qelew

超重

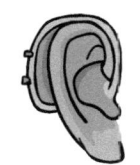

alîkariya bihîstinê

助聽器

bakterîkuj

消毒液

kotîbûn

感染

vîrûs

病毒

HIV / AIDS

愛滋病

derman

藥物

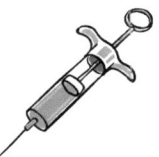

kutan

接種疫苗

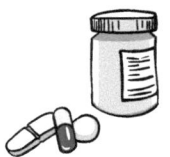

heban

藥片

heb

藥丸

lezgîn

急救電話

dîmenderê pesto xwîn

血壓計

nexweş / sax

生病/健康

alarm

警報

êrîş

突擊

Hewar!

救命！

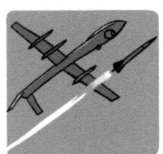

êrîşkirin

攻擊

talûk

危險

derketina acil

緊急出口

agir!

失火了！

agir vemirandinê

滅火器

qeza

意外

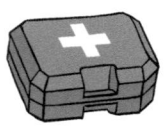

aletên alîkariya yekem

急救箱

SOS

呼救訊號

polîs

員警

Ewropa

歐洲

Amerîkaya Bakûr

北美洲

Amerîkaya Başûr

南美洲

Afrîka

非洲

Asya

亞洲

Awustralya

澳洲

Atlantîk

大西洋

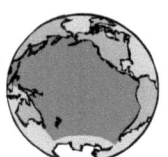

Okyanûsa Mezin

太平洋

Okyanûsa Hindî

印度洋

Okyanûsa Antarktîka

南冰洋

Okyanûsa Arktîk

北冰洋

Cemsera Bakûr

北極

Cemsera Başûr

南極

Antarktîka

南極洲

erd

地球

ax

陸地

behir

海

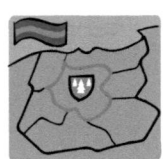

dûrge

島

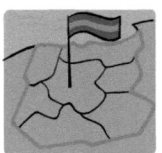

milllet

國家

welat

州

rûyê saet

錶盤

nişanderka demjimêr

時針

nişanderka deqe

分針

nişanderka saniye

秒針

Seet çende?

現在幾點？

roj

天

dem

時間

niha

現在

saetê dicîtal

電子錶

deqe

分

seet

時

dûşem 週一

çarşem 週三

în/heynî 週五

TU

sêşem 週二

şemî 週六

pêncşem 週四

yêkşem 週日

duh
昨天

îro
今天

sibey
明天

sibe
早晨

nîvro
中午

êvar
晚上

rojên karê
工作日

dawiya hefte
週末

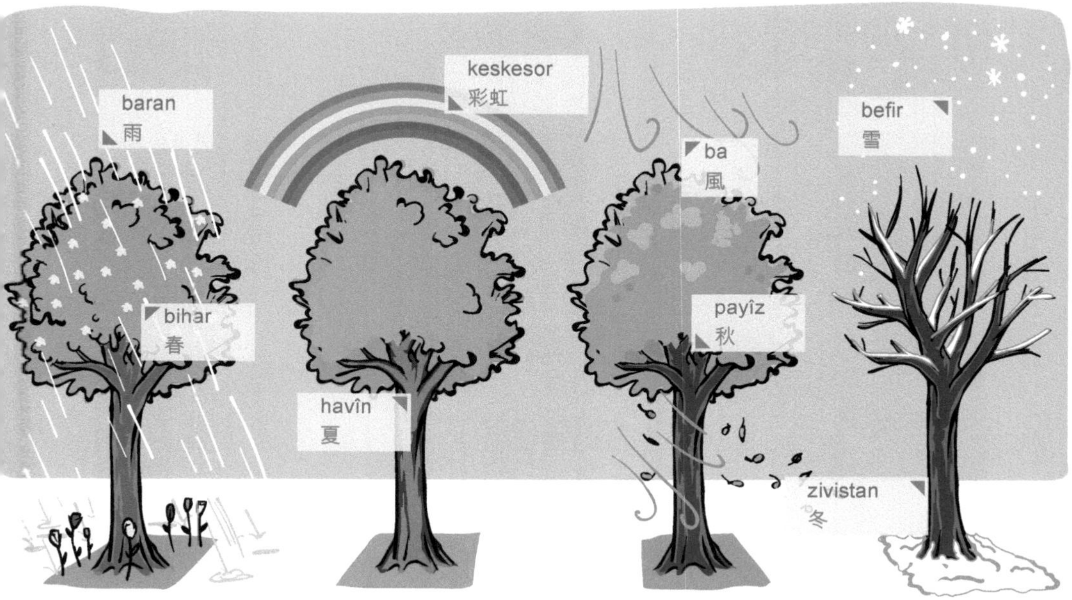

baran
雨

keskesor
彩虹

befir
雪

ba
風

bihar
春

payîz
秋

havîn
夏

zivistan
冬

pêşbîniya hewa

天氣預告

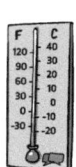

tehnpîv

溫度計

tav

陽光

hewr

雲

mij

霧

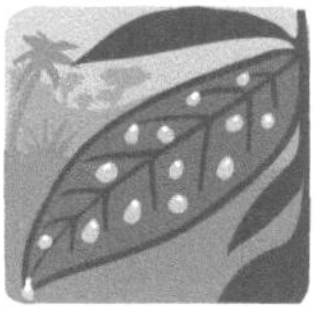

hêmî

潮濕

birq

閃電

brûsk

打雷

tofan

風暴

terg

冰雹

mansûn

季風

lehî

洪水

cemed

冰

rêbendan

一月

reşeme

二月

newroz

三月

gulan

四月

cozerdan

五月

pûşper

六月

gelawêj

七月

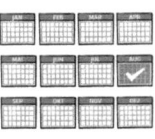

xermanan

八月

sal - 年

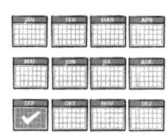

rezber

九月

kewçêr

十月

sermawez

十一月

befranbar

十二月

çember

圓形

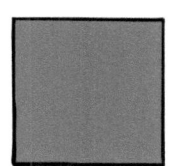

çarçik

正方形

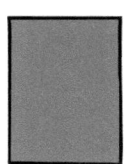

çarqozî

長方形

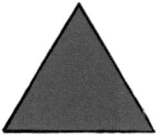

sêqozî

三角形

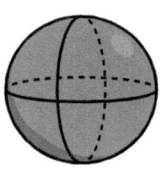

qada

球體

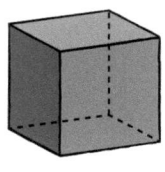

xiştek

立方體

şêwe - 形狀

sipî

白

zer

黃

pirteqalî

橙

pembe

粉

sor

紅

mor

紫

şîn

藍

kesik

綠

qehweyî

棕

gewr

灰

reş

黑

zor / kêm

很多/少許

bi hêrs / bêdeng

生氣/平靜

bedew / nerind

美/醜

destpêk / dawî

首/尾

mezin / biçûk

大/小

ronî / tarî

明/暗

brak / xwişk

兄弟/姐妹

pagij / girêj

乾淨/骯髒

tevî / netemam

完整/缺失

roj / şev

白天/晚上

mirî / zindî

死/生

fire / teng

寬/窄

xweş / nexweş

可食用/非食用

nebaş / baş

邪惡/善良

bi heyecan / aciz

興奮/無聊

qelew / zirav

胖/瘦

yekemîn / dawîn

第一/最後

heval / dijmin

朋友/敵人

tijî / vala

滿/空

req / nerm

硬/軟

giran / sivik

重/輕

birçî / tînî

餓/渴

nexweş / sax

生病/健康

neqanûnî / qanûnî

非法/合法

rewşenbîr / balûle

聰明/愚笨

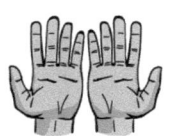

çep / rast

左/右

nêzî / dûr

近/遠

nû / bikarhatî

新/舊

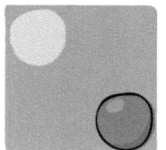

hîç / tiştek

沒有/有些

kal / ciwan

老/幼

li / ji

開/關

vekirî / girtî

打開/闔上

aram / dengbilind

安靜/吵鬧

dewlemend / reben

富/窮

rast / şaş

對/錯

dirr / hilû

粗糙/光滑

xemgîn / şa

傷心/高興

kurt / dirêj

短/長

hêdî / zû

慢/快

şil / ziwa

濕/乾

germ / hênik

溫暖/涼爽

şerr / aşitî

戰爭/和平

0

sifir

零

1

yek

一

2

dû

二

3

sê

三

4

çar

四

5

pênc

五

6

şeş

六

7

heft

七

8

heşt

八

9

neh

九

10

deh

十

11

yazde

十一

12
dazde
十二

13
sêzde
十三

14
çarde
十四

15
pazde
十五

16
şazde
十六

17
hefde
十七

18
hejde
十八

19
nozdeh
十九

20
bîst
二十

100
sed
百

1.000
hezar
千

1.000.000
milyon
百萬

Inglîzî

英語

Inglîziya Amerîkî

美式英語

Çînî Mandarîn

普通話

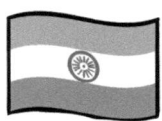

Hindî

印地語

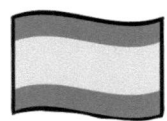

Îspanyolî

西班牙語

Frensî

法語

Erebî

阿拉伯語

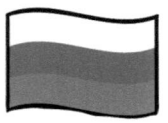

Rûsî

俄語

Portugalî

葡萄牙語

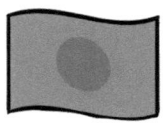

Bengalî

孟加拉語

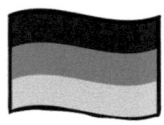

Elmanî

德語

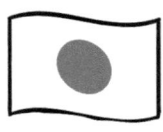

Japonî

日語

min
我

tu
你

ew / ev / ew
他/她/它

em
我們

tu
你們

ew
他們

kî?
誰？

çi?
什麼？

çawa?
如何？

kû?
何處？

kengî?
何時？

nav
名字

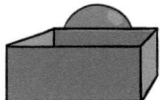

piştî

後面

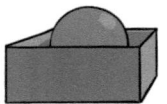

li

裡面

pêşî

前面

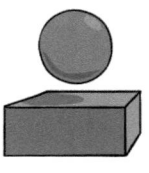

ser

上方

ser

上面

bin

下麵

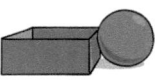

kêlek

旁邊

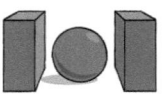

navber

中間

cih

地點